Komenan Ferdinand Kouadio

Iglesia Misionera

Komenan Ferdinand Kouadio

Iglesia Misionera

Una iniciativa del Espíritu Santo

CREDO EDICIONES

Imprint

Cover image: www.ingimage.com

Publisher:
CREDO EDICIONES
is a trademark of
International Book Market Service Ltd., member of OmniScriptum Publishing Group
17 Meldrum Street, Beau Bassin 71504, Mauritius
Printed at: see last page
ISBN: 978-613-4-11765-4

"Somos todos y sólo misioneros."

Paolo Manna

Ferdinand Kouadio Komenan

IGLESIA MISIONERA

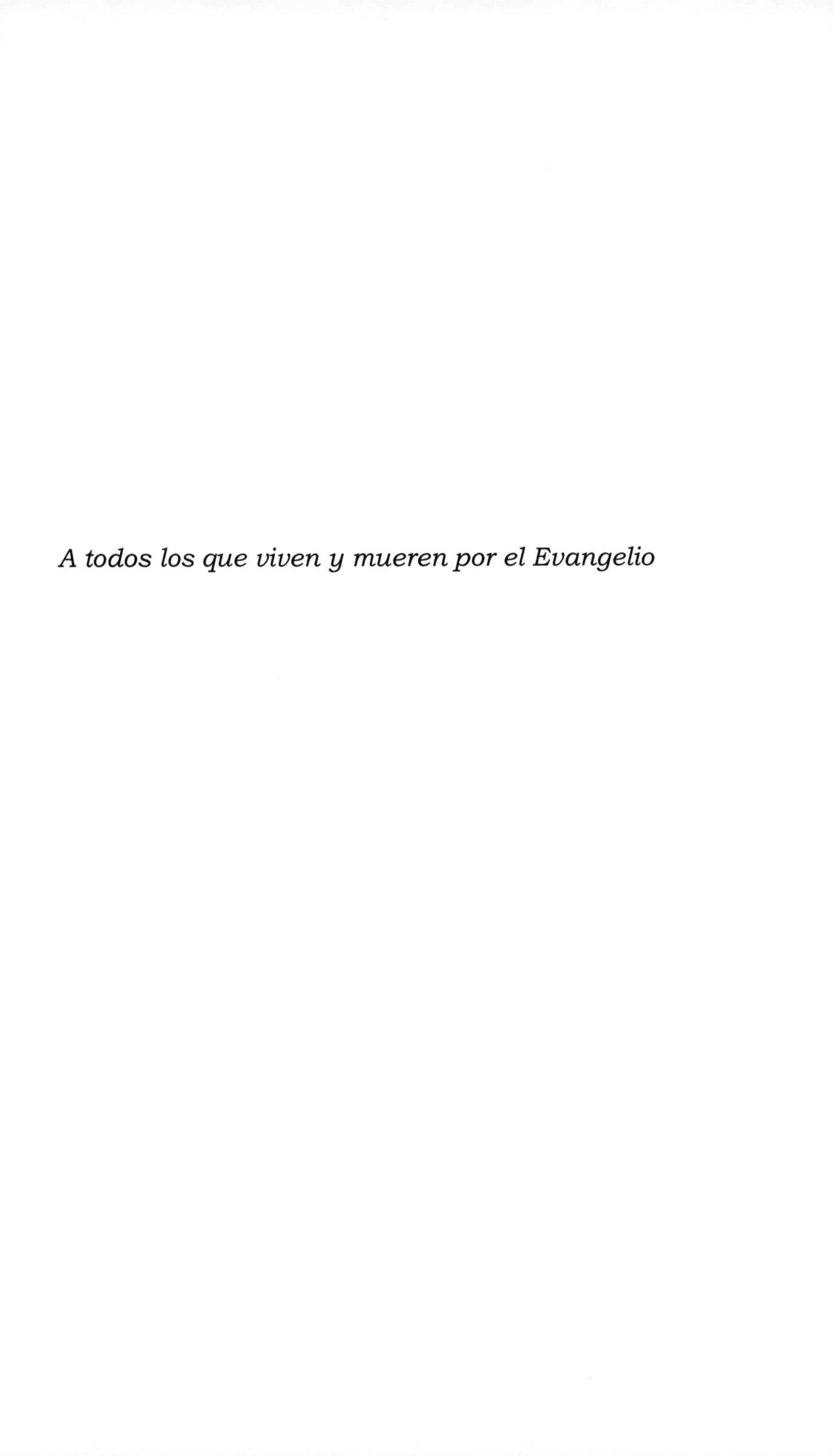

A todos los que viven y mueren por el Evangelio

Introducción general

La Iglesia y la misión son dos realidades íntimamente ligadas una a la otra. No se puede hablar de la Iglesia sin pensar en la misión y tampoco se puede imaginar una misión fuera del concepto de Iglesia. Los términos "Iglesia" y "misión" son términos que van de la mano. Para entender bien la dimensión misionera de la Iglesia, y la dimensión eclesial de la misión, vamos a leer tres perícopas del Nuevo Testamento.

"Vayan, pues, y hagan discípulos a todas las gentes bautizándolas en el nombre del Padre, del Hijo y del Espíritu Santo, y enseñándoles a guardar todo lo que yo les he mandado. Y he aquí que yo estoy con ustedes todos los días hasta el fin del mundo." (Mt

28, 19-20).

"Ustedes recibirán una fuerza, cuando el Espíritu venga sobre ustedes, y de este modo serán mis testigos en Jerusalén, en toda Judea y Samaria, y hasta los confines de la tierra." (Hch 1, 8).

"Cuando llegó el día de pentecostés, estaban todos juntos en un mismo lugar. De repente vino del cielo un ruido como el de una ráfaga de viento impetuoso que llenó toda la casa donde estaban sentados, y se les aparecieron lenguas como de fuego que, repartiéndose, se posaron sobre cada uno de ellos. Todos fueron llenos del espíritu santo y comenzaron a hablar en otras lenguas, según el Espíritu les daba habilidad para expresarse". (Hch 2, 1-4).

La misión y la Iglesia nacieron por voluntad del Padre que mandó a su Hijo para que los hombres se salvaran. Cristo, para realizar este designio del Padre, nos eligió a nosotros, hombres, mujeres, jóvenes y adolescentes, y nos dio la misión de ser testigos: testigos de la Buena Nueva de salvación. En esa misión el Espíritu Santo está presente y acompaña a los hombres y mujeres de buena voluntad. El Dios

Trino y Único hace de la Iglesia una comunidad católica, misionera y universal. Sólo con esta característica, la Iglesia puede realizar su misión de "Sacramento Universal de Salvación"[1], como dice el decreto *Ad Gentes*.

La misión es la identidad y la razón de ser de la Iglesia de Jesucristo en el mundo. El documento *misión continental para una Iglesia misionera* insiste sobre este aspecto fundamental: La misión "es parte constitutiva de la identidad de la Iglesia"[2] llamada por el Señor a evangelizar a todos los Pueblos. Por eso, "hoy, toda la Iglesia en América Latina y El Caribe quiere ponerse en estado de misión."[3]

Analizaremos varios aspectos del binomio Iglesia-Misión, empezando con las características de la Iglesia misionera, para seguir hablando de los nuevos desafíos de la misión.

---

1 Concilio Vaticano II, Decreto *Ad Gentes* sobre la actividad misionera de la Iglesia, proemio.

2 *La misión continental para una Iglesia misionera*, Consejo Episcopal Latinoamericano (CELAM), Bogotá, D.C., 2008. Ediciones CEM, A.R., pp. 10 y 17.

3 *Aparecida, Documento Conclusivo, V Conferencia General del Episcopado Latinoamericano y El Caribe*, Consejo Episcopal Latinoamericano (CELAM), 2007, n. 213.

1. CARACTERÍSTICAS DE LA IGLESIA MISIONERA

Introducción parcial

La Iglesia fundada por Jesucristo es intrínsecamente misionera. Esa *misionariedad*[4], pues, se encuentra en varios aspectos: Iglesia misionera, medio de conversión (1.1). Iglesia misionera instrumento de salvación de la humanidad: *κήρυγμα* (1.2.). *Ad extra* y *ad gentes:* dialéctica del dar y recibir (1.3.). Evangelización de la cultura e inculturación del

---

[4] Esta palabra no existe en el diccionario español. Fue utilizada varias veces para describir el carácter misional de una realidad. En el sitio internet www.scalabrini.org de los Misioneros Scalabrinianos, esta palabra se define como: "«unión en Dios por Jesucristo de todos los hombres de buena voluntad».

Evangelio (1.4.). *Plantacio Ecclesiae* y enseñanza de los valores cristianos (1.5.). Piedad popular y misión (1.6.).

1.1. Iglesia misionera, medio de conversión.

La Iglesia misionera tiene la característica de ser un medio de conversión profunda de la mentalidad y del corazón. Esa *μετάνοια (metánoia)* o transformación de la mentalidad, es el inicio de la vida de fe, la vida en Cristo. El Evangelio anunciado y recibido por el hombre transforma la mentalidad, el corazón y la acción. *"μετανοεῖτε καὶ πιστεύετε ἐν τῷ εὐαγγελίῳ"* (Conviértanse y crean en la Buena Nueva), nos dice Marcos 1, 15b. Entonces, "evangelizar significa para la Iglesia llevar la Buena Nueva a todos los ambientes de la humanidad y, con su influjo, transformar desde dentro, renovar a la misma humanidad."[5] En otras palabras, el Evangelio cambia totalmente el *modus*

---

[5] Pablo VI, *Evangelii Nuntiandi,* Exhortación Apostólica al episcopado, al clero y a los fieles de toda la iglesia acerca de la evangelización en el mundo contemporáneo, n.18.

vivendi de quien lo recibe. La Palabra de Dios visita y transforma todo el hombre y todos los hombres. Lo dicen de manera muy clara algunas perícopas del Nuevo Testamento: "He aquí que hago **nuevas** todas las cosas."(Ap. 21, 5); "Por tanto, el que está en Cristo es una **nueva** creación; pasó por lo viejo, todo es **nuevo**" (2 Cor 5, 17); "Porque lo que cuenta no es la circuncisión, ni la incircuncisión, sino la creación **nueva**" (Ga 6, 15).

Con el anuncio de la Palabra de Dios, podemos renovar la tierra entera, transformar la humanidad y, así, dar de antemano al hombre un gusto del paraíso.

Si la misión evangelizadora es un deber para todos los bautizados que somos, es importante que quien evangeliza ame la Palabra. Evangelizar es comunicar la sed de la Palabra de Dios. Eso es imposible si antes de evangelizar, el misionero no se deja evangelizar. Es decir, ¿si no vive en el amor de la Palabra (que es Cristo mismo), que va a anunciar y testimoniar?

"Por esto, hay que educar al pueblo en la lectura y la meditación de la Palabra de Dios: que ella se convierta en su alimento para que, por propia experiencia, vean que las palabras de Jesús son espíritu y vida (...). De lo contrario, ¿cómo van a anunciar un mensaje cuyo contenido y espíritu no conocen a fondo? Hemos de fundamentar nuestro compromiso misionero y toda nuestra vida en la roca de la Palabra de Dios."[6] La *Lectio divina,* o sea, la lectura orante de la Sagrada Escritura debe tener mayor importancia en la vida de cada fiel.

Además del Pan de la Palabra, la Iglesia nos ofrece también el Pan de la Eucaristía. A este respecto, nos ilumina el ejemplo de los discípulos de Emaús. Escuchando la Palabra de Jesús, su corazón arde; en la fracción del pan reconocen a Cristo y, luego, testimonian. (Cfr. Lc24, 13-35).

1.2. Iglesia misionera, medio de salvación de la humanidad: *κήρυγμα (kerigma).*

La Iglesia anuncia, ofrece y propone la salvación de Cristo a toda la humanidad, sin distinción de color, de estatus social, de sexo o de edad. La salvación es

---

[6] Discurso de S. S. Benedicto XVI en la sesión inaugural de los trabajos de la V Conferencia General del Episcopado Latinoamericano y El Caribe, Salón de Conferencias, Santuario de Aparecida, domingo 13 de mayo de 2007.
La misión continental para una Iglesia misionera, Consejo Episcopal Latinoamericano (CELAM), opcit., pp.19-20.

gratis para toda la humanidad. Cristo nació, sufrió la pasión, murió y resucitó para que el hombre pecador pueda pasar de su naturaleza de pecador a la de justificado. Cristo murió y resucitó para que el hombre, condenado a muerte, pueda vivir eternamente con su Redentor. La Iglesia es "una" — no la única — de las realidades concretas en las cuales, se realiza esa misión de salvación universal de Cristo, así como nos enseña la Sagrada Escritura en Juan 3, 16:

"Y como Moisés levantó la serpiente en el desierto, así tiene que ser levantado el Hijo del Hombre, para que todo el que crea tenga por Él vida eterna. Porque tanto amó Dios al mundo que dio a su Hijo único, para que todo el que crea en Él no perezca, sino que tenga vida eterna. Porque Dios no ha enviado a su Hijo al mundo para juzgar al mundo, sino para que el mundo se salve por Él."

La misma idea de salvación de la humanidad, por medio de la Iglesia misionera, por voluntad del Padre, y rendida concreta por Cristo, se encuentra en el decreto *Ad Gentes*:

"La razón de esta actividad misional se basa en la voluntad de Dios, que 'quiere que todos los hombres sean salvos y vengan al conocimiento de la verdad.

Porque uno es Dios, uno también el mediador entre Dios y los hombres, el Hombre Cristo Jesús, que se entregó a sí mismo para redención de todos', 'y en ningún otro hay salvación'. Es, pues, necesario que todos se conviertan a Él, una vez conocido por la predicación del Evangelio, y a Él y a la Iglesia, que es su Cuerpo, se incorporen por el bautismo."[7]

El decreto dice claramente que la salvación es una "necesidad". Ella pasa por el Evangelio, por medio de la Iglesia y a través de los hombres de buena voluntad. Esta salvación, ofrecida gratuitamente por Dios, concierne a todos los hombres, en todas sus dimensiones: "La salvación que, por iniciativa de Dios Padre, se ofrece en Jesucristo y se actualiza y difunde por obra del Espíritu Santo, es salvación para todos los hombres y de todo el hombre: es salvación universal e integral. Concierne a la persona humana en todas sus dimensiones: personal y social, espiritual y corpórea, histórica y trascendente."[8]

---

7 Concilio Vaticano II, Decreto *Ad Gentes* opcit, n.7.

8 Cfr. Concilio Vaticano II, Constitución Pastoral *Gaudium* et spes, n. 22; Pontificio Consejo « Justicia y Paz». *Compendio de la Doctrina Social de la Iglesia*, n.38.

1.3. Ad extra y ad gentes: Dialéctica del dar y recibir.

El modelo de *missio ad gentes* (misión a los gentiles, es decir, a los que todavía no han conocido a Jesús) y la *missio ad extra* (misión fuera del país de origen) implican un intercambio de "personal". La Iglesia que envía misioneros al extranjero para anunciar el Evangelio no lo hace porque ya se basta a sí misma. Lo hace con espíritu de intercambio misionero. Hombres, mujeres, jóvenes dejan sus países, sus comunidades de origen y van dando testimonio del amor universal de Cristo, no porque en sus Iglesias locales no se necesiten misioneros laicos o consagrados, sino porque escucharon la voz de Dios, quien les envió a los demás. Los misioneros reciben la fuerza del Espíritu Santo para anunciar la Buena Nueva a los pueblos lejanos, tan geográficamente como espiritualmente. Ninguna Iglesia es demasiado pobre para no poder enviar misioneros a las demás, y de igual manera, ninguna Iglesia es demasiado rica para rechazar a misioneros provenientes de otros países. En esa dialéctica del dar y recibir, cada Iglesia se enriquece. Enviar misioneros, y recibirlos es fuente de riqueza espiritual y cultural. "¡La fe se fortalece dándola!"[9] Como dice *Redemptoris Missio.*

Vamos a tomar el ejemplo concreto de Costa de Marfil y México[10], según los datos del censo general de población y vivienda de los dos países en 2010. Costa de Marfil: 15,11% de católicos. México: 86,67% de católicos. Es decir que en Costa de Marfil hay poco menos de 85% de no católicos, mientras que en México hay más de 85% de católicos. Costa de Marfil tiene 15% de católicos, mientras que en México sólo poco menos de 15% de la población no es católica. Estadísticamente, se podría decir que son dos países religiosamente opuestos. La cuestión sería entonces la siguiente: ¿Qué hacen los misioneros marfileños en México, cuando en su país hay una necesidad mayor de misioneros? ¿Por qué los marfileños no se quedan en su país a evangelizar a su gente, en lugar de evangelizar en México, donde casi todos son cristianos católicos?

Daremos tres respuestas muy sencillas:

— "¡La fe se fortalece dándola!", como hemos visto.

— Nadie se basta a sí mismo.

---

9 Juan Pablo II, Carta encíclica *Redemptoris Missio* sobre la permanente validez del mandato misionero, n.2.

10 www.vicariadepastoral.org.mx/domund_10/anexos/situacion_continentes.pdf .

— Es el Señor quien envía, por eso, el enviado tiene que cumplir esa voluntad con espíritu de obediencia.

1.4. Evangelización de la cultura e inculturación del Evangelio.

Evangelio y cultura son dos términos totalmente diversos. Uno es la Buena Nueva de salvación de Jesucristo, y el otro es el "conjunto de conocimientos científicos, literarios y artísticos adquiridos. Conjunto de estructuras sociales, religiosas, etc., y de manifestaciones intelectuales, artísticas, etc., que caracterizan una sociedad o una época."[11]

Sin embargo, estos dos términos deben ir de la mano. La misión evangelizadora de la Iglesia no se puede realizar sin tomar en cuenta la dimensión cultural del pueblo. El anuncio del Evangelio se hace teniendo en consideración los aspectos culturales de los pueblos.

Evangelizar, en efecto, no es solamente "predicar el Evangelio en zonas geográficas (...), sino (...) alcanzar y transformar con la fuerza del Evangelio los criterios de juicio, los valores determinantes, los puntos de

[11] *El Pequeño Larousse ilustrado* 2010.

interés, las líneas de pensamiento, las fuentes inspiradoras y los modelos de vida de la humanidad, que están en contraste con la palabra de Dios y con el designio de salvación (...). Evangelizar — no de una manera decorativa (...) sino de manera vital, en profundidad y hasta sus mismas raíces — la cultura y las culturas del hombre en el sentido rico y amplio que tienen sus términos en la *Gaudium et Spes* (50), tomando siempre como punto de partida la persona y teniendo siempre presentes las relaciones de las personas entre sí y con Dios."[12]

Dicho con otras palabras, la manera de anunciar el Evangelio no puede prescindir de lo que son y lo que viven los destinatarios. Los hombres a quienes se anuncia la Buena Nueva son hijos de su cultura, y esa cultura condiciona la manera de vivir su fe. Por eso el Evangelio debe penetrar también en profundidad, y tocar los aspectos culturales de la vida cotidiana del hombre.

"La síntesis entre la cultura y la fe no es sólo una exigencia de la cultura, sino también de la fe (...) Si, en efecto, es cierto que la fe no se identifica con ninguna cultura y es independiente con respecto a

---

[12] Pablo VI, Exhortación apostólica *Evangelii nuntiandi,* opcit nn. 19-20.

todas las culturas, no es menos cierto que, precisamente por esto, la fe está llamada a inspirar, a impregnar toda cultura (...) Una fe que no se haga cultura es una fe no acogida plenamente, no vivida fielmente."[13]

Una fe que no se haga cultura es una fe superficial, epidérmica y — desafortunadamente — epidémica. La mínima lluvia de duda, de tentación o de prueba podría apagar esa chispa.

"Múltiples son los vínculos que existen entre el mensaje de salvación y la cultura humana. Dios, en efecto, al revelarse a su pueblo hasta la plena manifestación de sí mismo en el Hijo encarnado, habló según los tipos de cultura propios de cada época. De igual manera, la Iglesia, al vivir durante el transcurso de la historia en variedad de circunstancias, ha empleado los hallazgos de las diversas culturas para difundir y explicar el mensaje de Cristo en su predicación a todas las gentes, para investigarlo y comprenderlo con mayor profundidad, para expresarlo mejor en la celebración litúrgica y en la vida de la multiforme comunidad de los fieles."[14]

---

[13] Cfr. Juan Pablo II, *Discurso a los participantes en el Congreso Nacional del Movimiento Eclesial de Compromiso Cultural*, Roma, 16-1-1982.

[14] Concilio Vaticano II, Constitución Pastoral *Gaudium et Spes*, *opcit*, n.58.

En la aventura misionera, hay que tener en cuenta la compleja y variada realidad de nuestro mundo: megápolis, ambientes suburbanos y grandes periferias, así como los ambientes campesinos, mineros y marítimos, sin olvidar los hospitales, los centros de rehabilitación y las cárceles, lo mismo que las peculiaridades de las Iglesias en las diversas regiones. "La misión, siendo única, deberá ser al mismo tiempo diversa. Por eso, es necesario estar atentos a los signos culturales de la época, de tal manera que las nuevas expresiones y valores se enriquezcan con las buenas noticias del Evangelio de Jesucristo, logrando, unir más la fe con la vida y contribuyendo así a una catolicidad más plena, no sólo geográfica, sino también cultural."[15]

Para explicar de manera concreta ese aspecto, leamos una historia rica de sentidos, que nos cuenta Doris Ruiz Galindo en su artículo: "Iglesia, educación e interculturalidad".[16]

"Un día, después de haber trabajado con los coordinadores de los catequistas de la Misión Jesuita

---

[15] *La misión continental para una Iglesia misionera*, Consejo Episcopal Latinoamericano (CELAM), opcit., p.41.

[16] *Cristo y los cristianos en el México moderno*, VIII Coloquio de la Unión de Instituciones Teológicas en México, A. C., voz "Iglesia, educación e interculturalidad" Doris Ruiz Galindo.

de Bachajón, estábamos en una pequeña ermita en lo alto de una montaña y pasó lo siguiente:
Manuel, un Jucawal, levantó la mano y me dijo: "¡Nantik, ¿quien dice verdad? ¿La palabra de Dios de nuestros abuelos o la palabra de Dios de los padres?...".
Le contesté: "¿Por qué lo preguntas, Manuel?".
"Es que, los abuelos dicen, que al hombre lo hizo Dios de maíz y la Biblia dice que hizo al hombre de tierra. ¿Quién dice verdad?", me dijo él.
Después de respirar hondo, voltear a ver al padre Nacho, pedí luz al Espíritu, y le dije:
"Manuel, ¿puedes pararte en la puerta de la ermita, dando la espalda al atrio?"
Y llamé a otro Jucawal y le pedí: Por favor, Miguel, ¿podrías pararte frente al altar con tu espalda hacia la imagen de la Virgen?".
Una vez colocados Manuel y Miguel cada uno en su lugar, me dirigí al primero:
"¿Manuel puedes decirme que ves?" Y Manuel, un tanto sorprendido, empezó a describir: "Veo a nuestra madre de Guadalupe, los floreros y las flores el crucifijo, a Miguel, el altar...". Lo detuve.
"Miguel, ¿y tú, que ves?".
Él contestó: "Veo la ceiba que está en el atrio, los

niños corriendo, la hierba, la puerta, a Manuel...".
Le pregunté entonces a la asamblea: "¿Quién dice verdad?..."
Respondieron a una voz: "¡Los dos!".
"Pero son descripciones distintas", dije yo.
Una voz desde el fondo saltó: "Pero están parados en distinto lugar y así miran lo que pueden mirar desde ese lugar".
"Es cierto, ven el mundo desde diferente lugar" proclamé con voz muy alta.
"Manuel, y ahora dime, ¿Qué es lo más importante para ti en tu vida de todos los días?".
"jNantik, el maíz — me dijo — si hay maíz mi familia puede vivir".
Pregunté a la asamblea: "¿Están de acuerdo con Manuel?" Todos dijeron un sí muy fuerte.
"¿Y ustedes saben qué es lo más importante para el pueblo judío?". Hubo un gran silencio y yo lo interrumpí: "La tierra... todavía hoy se siguen matando por ella".
Pedí a Manuel y a Miguel que se sentaran, y mientras lo hacían le dije a la asamblea:
"Dios, probablemente, quería encontrar una manera de decirles a los pueblos que el hombre y la mujer son lo más importante; y así, los abuelos, para que

los mayas entendieran, les dijeron que los primeros hombres fueron hechos por Dios, a base de maíz, y los abuelos de los judíos a su pueblo que Dios los había hecho de tierra.

De esta manera, cada pueblo, desde donde estaba mirando el mundo, podría entender el amor de Dios a los hombres y los dos dijeron verdad.""

Esta historia nos enseña a buscar en cada cultura los elementos que ayuden a comprender y a vivir el Evangelio. Se trata también de iluminar la cultura a la luz del Evangelio, buscando y corrigiendo los elementos culturales contrarios al Evangelio.

Es claro que la inculturación no podría ser la puerta de ingreso del sincretismo religioso, en el cual convivirían varios tipos de fe. Es necesario delimitar las fronteras entre lo "cultural" y lo "cultual". Benedicto XVI lo dijo de modo claro en *Africae Munus*: "Se llegará también a la necesaria distinción entre lo cultural y lo cultual, descartando los elementos mágicos..."[17] para evitar el problema de la "doble pertenencia" (*Africae Munus*, 93).

[17] Benedicto XVI, Exhortación apostólica postsinodal *Africae munus* a los obispos, al clero, a las personas consagradas y a los fieles laicos sobre la Iglesia en África al servicio de la reconciliación, la justicia y la paz, n. 92.

1.5. *Plantatio Ecclesiae* y enseñanza de los valores cristianos.

La misión en países no cristianos implica la implantación de la Iglesia. Esta implantación debe ser acompañada por la enseñanza de los valores del Reino. Como una hija, la Iglesia nacida por voluntad de Dios y por el medio de la misión, necesita ser acompañada, nutrida con el Evangelio, educada en los valores morales y éticos, para que crezca y dé frutos. *Redemptoris Missio* lo dice con claridad:

"La Iglesia, pues, sirve al Reino, fundando comunidades e instituyendo Iglesias particulares, llevándolas a la madurez de la fe y de la caridad, mediante la apertura a los demás, con el servicio a la persona y a la sociedad, por la comprensión y estima de las instituciones humanas."[18]

La *plantatio ecclesiae* tiene que estar estrechamente en relación con la voluntad de invitar a abrazar los valores cristianos. En un mundo en el cual no todos los jóvenes escuchan la voz de Dios, en un mundo donde, la inmoralidad y el ateísmo están de moda, la

[18] Juan Pablo II, Carta encíclica *Redemptoris missio, opcit*, n.20.

Iglesia es esta voz que sigue gritando, y proponiendo el mensaje de la fe. A veces esta voz suena como una voz del otro siglo. El mensaje de la Iglesia resuena como algo totalmente irrealizable; pero nosotros tenemos que ser la excepción:

"Las nuevas generaciones son las más afectadas por esta cultura del consumo en sus aspiraciones personales profundas. Crecen en la lógica del individualismo pragmático y narcisista, que suscita en ellas mundos imaginarios especiales de libertad e igualdad. Afirman el presente porque el pasado perdió relevancia ante tantas exclusiones sociales, políticas y económicas. Para ellos, el futuro es incierto. Asimismo, participan de la lógica de la vida como espectáculo, considerando el cuerpo como punto de referencia de su realidad presente. Tienen una nueva adicción por las sensaciones y crecen, en una gran mayoría, sin referencia a los valores e instancias religiosas".[19]

[19] *Aparecida, Documento Conclusivo, V Conferencia General del Episcopado Latinoamericano y El Caribe*, Consejo Episcopal Latinoamericano (CELAM), opcit. , n. 51.

1.6. Piedad popular y misión.

La riqueza de la piedad popular (religiosidad popular) encontró su primera expresión en los documentos del segundo Concilio Vaticano. Los padres del Concilio reconocieron las culturas de cada pueblo como iguales en dignidad, descartando la mirada eurocéntrica que buscaba la transformación de los miembros de otros pueblos en seudo-europeos, en cristianos con mentalidad occidental, incapaces de hablar teológicamente en términos y conceptos de sus propios sistemas de sabiduría, orden y significación.

La piedad popular, siempre ha sido vista como algo que contrasta implícitamente con la madurez de la fe, como si la ausencia de devoción era el barómetro para medir la pureza de la fe. La voluntad de cancelar la piedad popular puede indicar un aprecio deficiente de la importancia de las expresiones religiosas populares. Las instancias de piedad popular más conocidas son las imágenes de Cristo, la Virgen María, San José y los demás santos en general. Estas imágenes aumentan la fe de los sencillos y ayudan a rezar. No pueden ser eliminadas de la praxis de la fe, y tampoco pueden ser utilizadas como ídolos. A veces,

— no se puede negar — hay exageraciones en la devoción y el culto popular. Las imágenes no son — y no deben transformarse en — ídolos.

Conclusión parcial

La misión es una realidad intrínseca de la Iglesia. Esta característica eminentemente misionera, se ve en los varios aspectos que hemos analizado.

¿Qué podemos decir en conclusión?

La Iglesia es misionera por voluntad de Dios. Para actuar el designio de llevar la Palabra de Dios a todos los hombres, para que todos conozcan los valores cristianos y sean salvados, es necesario que cada bautizado juegue su papel. La Iglesia somos nosotros, los misioneros somos nosotros. "Somos todos y sólo misioneros" dice Paolo Manna.

Haga Dios que lo que hemos leído, y lo que seguiremos leyendo, nos ayude a comprender mejor nuestra vocación de ser anunciadores de Cristo.

Actividad:

1. ¿Cuáles son los elementos de sus culturas que

les ayudan a entender el Evangelio?

2. ¿Para que la Iglesia sea más misionera, cuáles son los elementos de las culturas locales o extranjeras que podrían ser introducidos en la praxis de la fe?

2. NUEVOS DESAFÍOS DE LA IGLESIA MISIONERA.

Introducción parcial

La Iglesia, como conjunto de personas que creen en Cristo, no es una realidad en una isla lejana y fuera de las realidades de los hombres, sino un grupo de personas que viven con otras, compartiendo las realidades socio-antropológicas, políticas, técnico-culturales..., que constituyen los nuevos desafíos de la misión. Por su carácter misionero, la Iglesia tiene que afrontar los desafíos de la vida actual, en medio de otras creencias y confesiones no cristianas.

Vamos a analizar uno tras otro, los temas relativos al diálogo interreligioso (2.1.), la reevangelización (2.2.), los medios de comunicación social (2.3.), la misión y su nexo con la doctrina social de la Iglesia (2.4.), la participación de todas las fuerzas vivas (2.5.) y, por último, la misión sin fronteras: ad altera, in altum, inter gentes (2.6.).

2.1. Diálogo interreligioso.

Empecemos este punto con la distinción entre diálogo ecuménico y diálogo interreligioso. El diálogo ecuménico es "el conjunto de actividades y de empresas que, conforme a las distintas necesidades de la Iglesia y a las circunstancias de los tiempos, se suscitan y se ordenan a favorecer la unidad de los cristianos."[20] Participan de este movimiento los que invocan al Dios Uno y Trino y confiesan que Jesús es

[20] Concilio Vaticano II, Decreto *Unitatis Redentegracio* sobre el ecumenismo, n.4b.

el Señor y Salvador. El movimiento ecuménico comenzó oficialmente con el Congreso Misionero de Edimburgo (Escocia) en 1910. Ya produjo frutos como la Biblia Ecuménica y la fundación de la Comunidad Ecuménica de Taizé.

El diálogo interreligioso, por su parte, nace de esta consideración: "La Iglesia considera con mayor atención en qué consiste su relación con respecto a las religiones no cristianas. En cumplimiento de su misión de fundamentar la Unidad y la Caridad entre los hombres (...) La Iglesia católica no rechaza nada de lo que en estas religiones hay de santo y verdadero. Considera con sincero respeto los modos de obrar y de vivir, los preceptos y doctrinas que, por más que discrepen en mucho de lo que ella profesa y enseña, no pocas veces reflejan un destello de aquella Verdad que ilumina a todos los hombres. Anuncia y tiene la obligación de anunciar constantemente a Cristo, que es "el Camino, la Verdad y la Vida" (Jn, 14,6), en quien los hombres encuentran la plenitud de la vida religiosa y en quien Dios reconcilió consigo todas las cosas."[21]

---

[21] Concilio Vaticano II, Declaración *Nostra Aetate* sobre las relaciones de la

Para decirlo claramente, el dialogo ecuménico es un diálogo entre cristianos, mientras que el diálogo interreligioso es un diálogo entre cristianos y creyentes de las religiones no cristianas.

La idea de base del diálogo entre las religiones es que el Espíritu de Dios está universalmente presente y actúa en la vida de cada hombre, sea éso cristiano o no. Las creencias de los adeptos a las otras religiones, sobre todo monoteístas, pueden ser inspiradas por el mismo Espíritu que nos hace gritar "Abba padre" (Rm 8, 15). El diálogo paciente entre las diferentes religiones produce siempre resultados positivos. En una atmósfera de crisis y tensiones interreligiosas, difícilmente se producen buenos frutos. Cuando cada religión vive con el miedo de ser perseguida por las demás, la fe no puede fortalecerse. Sin embargo, con el diálogo interreligioso se puede alejar el espectro de las guerras de religión que han llevado a muerte varias poblaciones en todos los continentes. Por eso, "Las Iglesias particulares se muestran abiertas al encuentro, al diálogo y a la colaboración con los miembros de otras Iglesias cristianas y de otras religiones."[22]. Un diálogo franco y sincero entre

---

Iglesia con las religiones no cristianas, nn.2, 3.

22 Juan Pablo II, Carta Encíclica *Redemptoris Missio,* opcit, n.2.

religiones permite un conocimiento básico mutuo de las religiones y la supresión de muchos prejuicios.

El fundamentalismo religioso, el extremismo, el complejo de superioridad o inferioridad, la intolerancia de la diferencia, tienen que desaparecer. "Si todos nosotros, creyentes en Dios, deseamos servir a la reconciliación, la justicia y la paz, hemos de trabajar juntos para impedir toda forma de discriminación, intolerancia y fundamentalismo confesional."[23]

Las religiones no católicas no son religiones rivales o enemigas; tampoco son religiones adversarias, porque no estamos en competencia. Las otras religiones — en algunos casos — son medios extra-católicos que pueden conducir a la salvación. La mentalidad del "*extra ecclesiam nulla salus*"[24], hoy, se debería interpretar diferentemente. Estamos en el período posconciliar, y varios documentos de la Iglesia hablan de la posibilidad de salvación, por Cristo, de los no-cristianos. Leamos algunos de esos textos:

"Para aquellos que no son formal y visiblemente

---

[23] Benedicto XVI, Exhortación apostólica Postsinodal *Africae Munus,* opcit, n. 94.

[24] Bonifacio VIII, con la bula *Unam Sanctam* del, año 1302, reprendió con esta expresión, la idea que existía ya desde el tiempo de Cipriano de Cartago. Este último dijo en una de sus epístolas, la famosa expresión: "Extra ecclesiam salus non est."

miembros de la Iglesia, « la salvación de Cristo es accesible en virtud de la gracia que, aun teniendo una misteriosa relación con la Iglesia, no les introduce formalmente en ella, sino que los ilumina de manera adecuada en su situación interior y ambiental. Esta gracia proviene de Cristo; es fruto de su sacrificio y es comunicada por el Espíritu Santo »".[25]

"Por último, quienes todavía no recibieron el Evangelio, se ordenan al Pueblo de Dios de diversas maneras. En primer lugar, aquel pueblo que recibió los testamentos y las promesas y del que Cristo nació según la carne (cf. Rm 9,4-5). Por causa de los padres, es un pueblo amadísimo en razón de la elección, pues Dios no se arrepiente de sus dones y de su vocación (cf. Rm 11, 28-29). Pero el designio de salvación abarca también a los que reconocen al Creador, entre los cuales están en primer lugar los musulmanes, que, confesando adherirse a la fe de Abraham, adoran con nosotros a un Dios único, misericordioso, que juzgará a los hombres en el día postrero. Ni el mismo Dios está lejos de otros que buscan en sombras e imágenes al Dios desconocido,

---

[25] Juan Pablo II, Carta Encíclica *Redemptoris Missio, opcit*, n.10. Congregación para la Doctrina de la Fe, Declaración *Dominus Iesus* sobre la unicidad y la universalidad salvífica de Jesucristo y de la Iglesia, n.20.

puesto que todos reciben de Él la vida, la inspiración y todas las cosas (cf. Hch 17,25-28), y el Salvador quiere que todos los hombres se salven (cf. 1 Tm 2,4)."[26]

Lo que prevalece es que todos sean uno: "*ut unum sint.*"[27] Sin embargo, en esta unidad, cada uno mantiene su identidad y su modo de vivir la fe. Nosotros somos católicos y fieros de serlo. La fe cristiana que proponemos a los demás, es la fe vivida según las enseñanzas de la Iglesia católica, una Iglesia que camina en la luz del Evangelio y los documentos que, inspirados por el Espíritu Santo, han escrito los pastores.

Unidad y diálogo, sí; confusión y amalgama, no.

2.2. Re-evangelización.

Hemos visto la necesidad de evangelizar a los pueblos que todavía no han recibido la luz del Evangelio, para que puedan encontrar a nuestro Señor Jesucristo. Por eso, muchos misioneros europeos salieron de su

---

[26] Concilio Vaticano II, *Lumen Gentium*, Constitución Dogmática sobre la Iglesia, n.16.

[27] Juan Pablo II, Carta encíclica *Ut unum sint* sobre el Empeño Ecuménico.

continente, y como testigos de la Buena Nueva, sembraron el Evangelio en otras tierras. Gracias a sus esfuerzos, hoy, el nombre de Jesús es conocido en todo el mundo. Gracias al trabajo misionero, hoy, con una población mundial de 6.870.159.450 habitantes, los cristianos en el mundo somos 2.159.074.088, lo que equivale al 31,42% de la población mundial. La misma estadística nos dice que más de la mitad de los cristianos en el mundo es católica, es decir, 1.151.876.520 (16,76%) de personas profesan la fe católica en el mundo, o sea, 1/6 de la población mundial.[28] Eso es fruto de la acción misionera. ¡Qué maravilla!

Sin embargo, hoy, los mismos países evangelizadores, europeos por la mayoría, están en crisis: crisis de fe, de vocación, de moral cristiana, de ética. Muchos seminarios y centros de formación religiosa se cierran por falta de vocaciones, el número de fieles en las iglesias baja, porque la cuestión de la fe pierde su importancia. La moral cristiana pierde su lugar frente al bombardeo de los medios de comunicación, que proponen una moral alternativa, la cual, en realidad, es sólo anti-moral, a-moral, e in-moral. Asistimos a la

[28] www.vicariadepastoral.org.mx/domund_10/anexos/situacion_continentes.pdf

creación de nuevos términos como “bautizado-no-cristiano” o “cristiano-no-practicante”. El término cristiano-no-practicante no tiene ningún significado, porque la fe se vive y se practica. Es inútil proclamarse cristiano si no tenemos la mínima voluntad de vivir la fe. Santiago nos dice en su carta: “Hermanos, si uno dice que tiene fe, pero no viene con obras, ¿de qué le sirve? ¿Acaso lo salvará esa fe? (...) ¿Tú crees que hay un solo Dios? Pues muy bien, pero eso lo creen también los demonios y tiemblan. ¿Será necesario demostrarte, si no lo sabes todavía, que la fe sin obras no tiene sentido? (...) Porque así como un cuerpo sin espíritu está muerto, así también la fe que no produce obras está muerta.” (San. 2, 14-26).

El número de ateos está creciendo y las sectas esotéricas extienden sus raíces hasta los países de tradición cristiana. La población (particularmente los jóvenes) busca desesperadamente un modelo, y no lo encuentra.

El Santo Padre Benedicto XVI, en el discurso inaugural de la conferencia de Aparecida habló de “un cierto debilitamiento de la vida cristiana en el conjunto de la sociedad y de la propia pertenencia a la Iglesia católica debido al secularismo, al hedonismo, al indiferentismo y al proselitismo de numerosas sectas, de religiones animistas y de nuevas expresiones seudorreligiosas."[29]

¿Qué debemos hacer en esta situación?

¡La nueva evangelización! (o si prefieren) ¡La re-evangelización!

Re-evangelizar es identificar los problemas actuales de la Iglesia y buscar soluciones adecuadas. El mensaje de la misión, en nuestro tiempo, debe penetrar el corazón y la mentalidad del hombre de hoy, para que sea siempre actual. A problemas nuevos estrategias nuevas, diríamos:

"Nuestros tiempos no exigen menos celo en los laicos, sino que, por el contrario, las circunstancias actuales les piden un apostolado mucho más intenso y más amplio. Porque el número de los hombres, que aumenta de día en día, el progreso de las ciencias y de la técnica, las relaciones más estrechas entre los hombres no sólo han extendido hasta lo infinito los campos inmensos del apostolado de los laicos (...), sino que también han suscitado nuevos problemas

---

[29] Discurso de S. S. Benedicto XVI en la sesión inaugural de los trabajos de la V Conferencia General del Episcopado Latinoamericano y El Caribe, opcit. , Salón de Conferencias, Santuario de Aparecida, domingo 13 de mayo de 2007.

que exigen su cuidado y preocupación diligente."[30]

Re-evangelizar es buscar nuevos métodos para que el mensaje kerigmático sea más atrayente y convincente. Re-evangelizar es mejorar el método, la estrategia, la estratagema y la metodología de la evangelización. Eso "implica una gran disponibilidad a repensar y reformar muchas estructuras pastorales, teniendo como principio constitutivo la "espiritualidad de la comunión" y de la audacia misionera"[31].

Re-evangelizar es basarse sobre los errores humanos del pasado para mejorar el anuncio. La re-evangelización nos invita a romper las fronteras para que nazca una misión-sin-fronteras geográficas, ideológicas, tecnológicas, sociales, etc. Todo lo que toca al hombre debería interesar a los misioneros, para que todos los hombres sean penetrados por el mensaje. Y éso es posible.

2.3. Medios de comunicación social.

Desde siempre, la Iglesia ha contribuido al desarrollo de los medios de comunicación social. Ya en la

---

[30] Concilio Vaticano II, Decreto *Apostolicam Actuositatem, opcit*, n.1.

[31] *La misión continental para una Iglesia misionera*, Consejo Episcopal Latinoamericano (CELAM), opcit, p. 13.

antigüedad, la Iglesia tenía una relación muy estrecha con los medios de comunicación: rollos, codex, manuscritos o papiros conservados en unas grutas o en las bibliotecas de Jerusalén, Antioquía, Roma, Alejandría, Cartago, etc.

Con la invención de la imprenta en Europa en el siglo XV por el alemán Johannes Gutenberg, nació la dicha teología manualística con una profusión de publicaciones.

La invención más actual que todos conocemos es internet. Es indudable que la actitud de la Iglesia con respecto a los medios de comunicación social es totalmente positiva. Con el Concilio Vaticano II, principalmente a través de documentos como el decreto *Inter Mirifica* y la exhortación apostólica *Evangelii Nuntiandi*, la Iglesia reiteró su voluntad de cooperar con esos medios.

“En nuestro siglo influenciado por los medios de comunicación social, el primer anuncio, la catequesis o el ulterior ahondamiento de la fe, no pueden prescindir de esos medios. (...) Sin embargo, el empleo de los medios de comunicación social en la evangelización supone casi un desafío: el mensaje evangélico deberá, sí, llegar, a través de ellos, a las muchedumbres, pero con capacidad para penetrar en las conciencias, para posarse en el corazón de cada hombre en particular, con todo lo que éste tiene de singular y personal, y con capacidad para suscitar en favor suyo una adhesión y un compromiso verdaderamente personal".[32]

El documento *Misión continental* dice que sería muy importante "hacer presente el anuncio misionero en los medios de comunicación en general, así como en los espacios virtuales, cada vez más frecuentados por las nuevas generaciones. Así como en la radio y la televisión ya existen experiencias de programas educativos en la fe, también un portal interactivo puede ser una opción útil en el desarrollo de la misión."[33]

Hoy por medio de internet, la Iglesia puede cumplir su misión evangelizadora con mayor facilidad y producir frutos abundantes. Durante la pandemia del Covid-19, la Iglesia impulsó el uso de los medios come webtv, zoom o google meet en las celebraciones. Eso ayudó a los fieles a sentirse cerca de Dios y de la Iglesia.

Frente a la constatación de que el progreso en la

---

[32] Pablo VI, exhortación apostólica *Evangelii Nuntiandi,* opcit, n.45.

[33] *La misión continental para una Iglesia misionera*, Consejo Episcopal Latinoamericano (CELAM), opcit., p. 44.

tecnología de los medios de comunicación está transformando la faz de la tierra, la Iglesia no se queda inmóvil. Propone el buen uso de esos medios que nuestro tiempo nos ofrece:

"La Iglesia católica, fundada por Cristo el Señor para llevar la salvación a todos los hombres y, en consecuencia, urgida por la necesidad de evangelizar, considera que forma parte de su misión predicar el mensaje de salvación, con la ayuda, también, de los medios de comunicación social, y enseñar a los hombres su recto uso."[34]

La propaganda por la utilización de esos medios es un deber para todos los cristianos:

"Por lo demás, toca principalmente a los laicos vivificar con espíritu humano y cristiano estos medios para que respondan plenamente a las grandes expectativas de la sociedad humana y al plan divino."[35]

"Todos los hijos de la Iglesia, de común acuerdo, tienen que procurar que los medios de comunicación social, sin ninguna demora y con el máximo empeño, se utilicen eficazmente en las múltiples obras de

---

34 Concilio Vaticano II, Decreto *Inter Mirifica* sobre los medios de comunicación social, n.3.

35 *Ibídem.*

apostolado."[36]

Por eso, en Aparecida, los pastores de la Iglesia latinoamericana tomaron la decisión de "optimizar el uso de los medios de comunicación católicos, haciéndolos más actuantes y eficaces, sea para la comunicación de la fe, sea para el diálogo entre la Iglesia y la sociedad."[37]

Considerando la importancia y el carácter imprescindible de los medios de comunicación social, el Papa Benedicto XVI nos invitó a "recurrir también a los medios de comunicación: prensa, radio y televisión, sitios de internet, foros y tantos otros sistemas para comunicar eficazmente el mensaje de Cristo a un gran número de personas."[38]

2.4. Misión y doctrina social de la Iglesia.

Es imposible hablar de misión de la Iglesia sin

---

[36] *Ibídem*, n.13.

[37] *Aparecida, Documento Conclusivo, V Conferencia General del Episcopado Latinoamericano y El Caribe*, Consejo Episcopal Latinoamericano (CELAM), opcit., n. 497b.

[38] Discurso de S. S. Benedicto XVI en la sesión inaugural de los trabajos de la V Conferencia General del Episcopado Latinoamericano y El Caribe, opcit. , Salón de Conferencias, Santuario de Aparecida, domingo 13 de mayo de 2007.

establecer una relación estrecha con las cuestiones socio-antropológicas y político-militares. La persona a quien se evangeliza es una persona que vive en las realidades o — mejor dicho — en las problemáticas concretas de su tiempo y su hábitat. El Evangelio de Jesucristo lo alcanza y penetra todas sus dimensiones:

"La doctrina social es parte integrante del ministerio de evangelización de la Iglesia. Todo lo que atañe a la comunidad de los hombres — situaciones y problemas relacionados con la justicia, la liberación, el desarrollo, las relaciones entre los pueblos, la paz —, no es ajeno a la evangelización; ésta no sería completa si no tuviese en cuenta la mutua conexión que se presenta constantemente entre el Evangelio y la vida concreta, personal y social del hombre. Entre evangelización y promoción humana existen vínculos profundos: « Vínculos de orden antropológico, porque el hombre que hay que evangelizar no es un ser abstracto, sino un ser sujeto a los problemas sociales y económicos. Lazos de orden teológico, ya que no se puede disociar el plan de la creación del plan de la redención, que llega hasta situaciones muy concretas de injusticia, a la que hay que combatir, y de justicia, que hay que restaurar. Vínculos de orden

eminentemente evangélico como es el de la caridad: en efecto, ¿cómo proclamar el mandamiento nuevo sin promover, mediante la justicia y la paz, el verdadero, el auténtico crecimiento del hombre? ».”[39]
La Doctrina Social de la Iglesia lucha para garantizar y preservar la dignidad de la persona humana. Esta misión, desafortunadamente, choca muchas veces con las prácticas políticas en algunas partes del mundo. Violación de la dignidad, privación de los derechos fundamentales, etc. La Iglesia no puede callarse ante semejantes situaciones. Por eso, habla, aconseja, orienta, critica y denuncia:
“Toda la doctrina social se desarrolla, en efecto, a partir del principio que afirma la inviolable dignidad de la persona humana.”[40]
“La promoción de la paz en el mundo es parte integrante de la misión con la que la Iglesia prosigue la obra redentora de Cristo sobre la tierra.”[41]
La Doctrina Social de la Iglesia abraza algunos aspectos — no contrarios a la enseñanza de la Iglesia — de la Declaración Universal de los Derechos del

---

39 Pontificio Consejo “Justicia y Paz” *Compendio de la Doctrina Social de la Iglesia*, opcit., n.66.

40 *Ibídem*, n.107; Juan XXIII, Carta encíclica *Mater et Magistra*: AAS 53 (1961) 453, 459.

41 Pontificio Consejo “Justicia y Paz *“Compendio de la Doctrina Social de la Iglesia*, *opcit*, n.516.

Hombre, proclamada por las Naciones Unidas el 10 de diciembre de 1948. Se podría hablar también de la sintonía con algunos artículos que promueven la dignidad de la persona humana en la Declaración Francesa de los Derechos del Hombre y del Ciudadano, del 26 de agosto de 1789; la Carta Africana de Derechos Humanos y de los Pueblos, del 27 de julio de 1981; y, — *last but not least* — la Convención Americana sobre Derechos Humanos, de noviembre de 1969, conocida como Pacto de San José. La Doctrina Social de la Iglesia obra para que sean preservados estos derechos inalienables de cada persona humana. Y éso es el deber de cada cristiano, de cada discípulo misionero de Cristo: "Transformar la realidad social con la fuerza del Evangelio,... por mujeres y hombres fieles a Jesucristo"[42]

Esta transformación comprende la repartición justa de los bienes entre los hombres. La misión de la Iglesia es luchar para garantizar igualdad y justicia en la distribución de los bienes.

Hubo un estudio en el 2006 sobre La Distribución Mundial de la Riqueza de los Hogares, hecho por el Instituto Mundial para la Investigación de Desarrollo

---

[42] Renato Raffaele Card. Martino, en la presentación del *Compendio de la Doctrina Social de la Iglesia,* Ciudad del Vaticano, 2 de abril de 2004.

Económico de la Universidad de las Naciones Unidas *(World Institute for Development Economics of the United Nations University,* UNU-WIDER). Ese estudio pionero muestra que el 2% de los adultos más ricos en el mundo posee más de la mitad de la riqueza global de los hogares, que el 1% de adultos más acomodados posee el 40% de los activos globales (año 2000) y que el 10% de los adultos más adinerados cuenta con el 85% del total mundial. En cambio, la mitad más pobre de la población adulta del mundo sólo es dueña del 1% de la riqueza global.[43]

¡Cambiar esta situación es posible! La Doctrina Social de la Iglesia, citando *Gaudium et Spes* propone el "Destino universal de los bienes."

"Entre las múltiples implicaciones del bien común, adquiere inmediato relieve el principio del destino universal de los bienes: « Dios ha destinado la tierra y cuanto ella contiene para uso de todos los hombres y pueblos. En consecuencia, los bienes creados deben llegar a todos en forma equitativa bajo la égida de la justicia y con la compañía de la caridad »."[44]

---

43 El estudio completo está disponible en internet. Cfr.:www.wider.unu.edu

44 Concilio Vaticano II, Constitución pastoral *Gaudium et Spes*, *opcit*, n.69: AAS 58 (1966) 1090; Pontificio Consejo "Justicia y Paz" *Compendio de la*

2.5. Participación de todas las fuerzas vivas.

La misión de la Iglesia es algo que debería interesar a todos los cristianos. Nadie debe excluirse: Laicos, consagrados, jóvenes... se sientan implicados en esa misión. El compromiso misionero de los jóvenes y laicos es una riqueza que debemos preservar.

"La labor evangelizadora de los laicos está cambiando la vida eclesial (...) Sobre todo, se está afianzando una conciencia nueva: la misión atañe a todos los cristianos, a todas las diócesis y parroquias, a las instituciones y asociaciones eclesiales."[45]

"Preveo que ha llegado el momento de dedicar todas las fuerzas eclesiales a la nueva evangelización y a la misión *ad gentes*. Ningún creyente en Cristo, ninguna institución de la Iglesia puede eludir este deber supremo: anunciar a Cristo a todos los pueblos."[46]

La enseñanza de la Iglesia a propósito de este tema no ha cambiado y no cambiará. El Papa Benedicto XVI insistió mucho sobre la "misión-de-todos-para-todos".

Doctrina Social de la Iglesia, *opcit*, n.171.

45 *Ibídem*, n.2.

46 *Ibídem*, n.3.

Los ancianos, así como los jóvenes, tienen que jugar su papel. Nadie es demasiado joven, o demasiado anciano para anunciar el Evangelio:

"La Iglesia mira con gran estima a las personas mayores. Deseo volver a deciros, con el beato Juan Pablo II: 'La Iglesia os necesita. Pero también la sociedad civil necesita de vosotros [...] Sabed emplear generosamente el tiempo que tenéis a disposición y los talentos que Dios os ha concedido [...] Contribuid a anunciar el Evangelio [...] Dedicad tiempo y energías a la oración '."[47]

Como vemos, nadie debería considerarse jubilado en el anuncio del Evangelio.

Sobre el apostolado de los laicos, leamos también:

"Porque el apostolado de los laicos, que surge de su misma vocación cristiana nunca puede faltar en la Iglesia"[48].

Ha llegado la hora, como dice el documento *Misión continental*, "para que los bautizados pasen de evangelizados a evangelizadores."[49]

---

47 Benedicto XVI, Exhortación apostólica postsinodal *Africae munus,* opcit., n.50.

48 Concilio Vaticano II, Decreto *Apostolicam Actuositatem* sobre el apostolado de los laicos, n.1.

49 *La misión continental para una Iglesia misionera*, Consejo Episcopal Latinoamericano (CELAM), opcit., p. 17.

2.6. Misión Sin Fronteras: *ad altera, in altum, inter gentes.*[50]

Durante el simposio del centenario de la Comunidad Misionera de Maryknoll (6-8 octubre 2011), además del modelo *ad gentes* y *ad extra* que había caracterizado la misión de la Iglesia desde siempre, Robert Schreiter propuso nuevos modelos para la misión de hoy y del futuro. Esos modelos son: La *missio ad altera, in altum* e *inter gentes*, que nosotros llamaremos "Misión Sin Fronteras".

Este tipo de misión no necesariamente requiere viajes de largas distancias. En donde se vive, con la gente del vecindario, es posible realizar actividades auténticamente misioneras. Eso empieza con la atención a los necesitados, a la gente sin techo y sin morada fija, a los niños abandonados, a los mendigos que encontramos cada día.

"las megápolis, los ambientes suburbanos de las grandes periferias, como asimismo de los ambientes campesinos, mineros y marítimos, sin olvidar los hospitales, los centros de rehabilitación y las cárceles,

50 Raúl Nava Trujilo, in *Boletín informativo* de los Misioneros de Guadalupe, año14, n.157, nov. 2011.

lo mismo que las peculiaridades de las Iglesias en las diversas regiones. La misión, siendo única, deberá ser al mismo tiempo diversa."[51]

La *missio ad altera* es lo que caracteriza a la Iglesia corriendo riesgo en su compromiso misionero, en su lucha, y en su búsqueda de soluciones y propuestas. Paolo Manna[52] escribió sobre este aspecto en sus *Virtudes Apostólicas*: "¡Cuántas vidas sacrificadas (...) para erigir las fundaciones de aquellas Iglesias, que ustedes (...) continúan a edificar! (...) hasta el sacrificio de la vida".[53]

La *missio in altum* se opone a la nueva mentalidad de la cultura universalmente individualista, en la que cada quien se cierra en sus realidades, viviendo en la ignorancia del otro, o buscando al otro solamente para "consumirlo". El *Documento de Aparecida* es muy claro sobre esta realidad:

"Se verifica, a nivel masivo, una especie de nueva colonización cultural por la imposición de culturas artificiales, despreciando las culturas locales y tendiendo a imponer una cultura homogeneizada en

---

51 *La misión continental para una Iglesia misionera*, Consejo Episcopal Latinoamericano (CELAM), opcit., p. 40.

52 Beato Paolo Manna, misionero del pime, autor de *Virtú Apostoliche,* Fundador de la Pontificia Unión Misional.

53 Cfr. Paolo Manna, *Virtú Apostóliche, lettere ai missionari*, Emi, Bologna 1997, p.87.

todos los sectores. Esta cultura se caracteriza por la autorreferencia del individuo, que conduce a la indiferencia por el otro, a quien no necesita ni del que tampoco se siente responsable. Se prefiere vivir día a día, sin programas a largo plazo ni apegos personales, familiares y comunitarios. Las relaciones humanas se consideran objetos de consumo, llevando a relaciones afectivas sin compromiso responsable y definitivo."[54]

La *missio inter gentes* es una misión de *full immersion*. La misión exige que tengamos en el corazón los problemas de los demás; exige que entremos profundamente en las realidades de los pueblos, porque no se puede hablar de misión cuando hay indiferencia e insensibilidad.

La misión toca también lo que viven los niños, las mujeres, los extranjeros: "Urge tomar conciencia de la situación precaria que afecta la dignidad de muchas mujeres. Algunas, desde niñas y adolescentes, son sometidas a múltiples formas de violencia dentro y fuera de casa: tráfico, violación, servidumbre y acoso sexual; desigualdades en la esfera del trabajo, de la política y de la economía; explotación publicitaria por

---

[54] *Aparecida, Documento Conclusivo, V Conferencia General del Episcopado Latinoamericano y El Caribe*, Consejo Episcopal Latinoamericano (CELAM), opcit., num.46.

parte de muchos medios de comunicación social, que las tratan como objeto de lucro".[55]

Conclusión parcial

Los desafíos de la misión evangelizadora de la Iglesia cambian de una época a otra. A las realidades humanas de nuestro tiempo, debe corresponder la manera de evangelizar. Con la actualización y la adaptación, la buena voluntad de los laicos y jóvenes, con la fuerza del Espíritu, la Iglesia puede cumplir su misión.

---

[55] *Opcit.*, n. 48.

Conclusión general

“Vendrá un día, en el cual los niños aprenderán
Algunas palabras que difícilmente comprenderán.
Los niños de India preguntarán: “¿Qué es el hambre?”
Los niños de Alabama preguntarán: “¿Qué es la segregación racial?”
Los niños de Hiroshima preguntarán: “¿Qué es la bomba atómica?”
Y todos los niños del mundo preguntarán: ¿Qué es la guerra?”
Y tú serás el que deberá contestar, y entonces les dirás:
“Estas son palabras caídas en desuso, como la galera o la esclavitud.
Estas palabras ya no tienen ningún sentido, por eso

fueron borradas del diccionario”.”
Jean de Bruyne

Vendrá un día, en el cual los niños aprenderán
Algunas palabras que difícilmente comprenderán.
Los niños de Costa de Marfil preguntarán: “¿Qué es un golpe de Estado?”
Los niños mexicanos preguntarán: “¿Qué es el narcotráfico?”
Los niños del mundo preguntarán: “¿Qué es el ateísmo, o el paganismo...?”
Y tú serás el que deberá contestar, y entonces les dirás:
“Estas son palabras caídas en desuso, como la diligencia, la galera, o la esclavitud.
Estas palabras ya no tienen ningún sentido, por eso fueron borradas del diccionario”.”
Un mundo sin violencia, sin guerra, sin injusticia, un mundo sin hambre es un mundo posible, a condición que el Evangelio penetre los corazones y los transforme.
Y éso será posible cuando la característica misionera de la Iglesia sea actuada y vivida por cada uno de nosotros. Un mundo mejor será posible para el triunfo del Evangelio, para el bien de la humanidad, y

la gloria de Dios que vive y reina por los siglos de los siglos.

Actividad:

Escriban un poema, siguiendo el ejemplo de Jean de Bruyne, en el que expresen sus deseos de cambiar algunas situaciones de la vida.

"Vendrá un día..."

Bibliografía

1. *Aparecida, Documento Conclusivo, V Conferencia General del Episcopado Latinoamericano y El Caribe*, Consejo Episcopal Latinoamericano (CELAM), 2007.
2. Benedicto XVI, Exhortación apostólica Postsinodal *Africae munus* a los obispos, al clero, a las personas consagradas y a los fieles laicos sobre la Iglesia en África al servicio de la reconciliación, la justicia y la paz.
3. Bonifacio VIII, Bula *Unam Sanctam*, 18 de nov. de 1302. Enrique Denzinger, *el magisterio de la Iglesia*. Manual de los símbolos, definiciones y declaraciones de la Iglesia en materia de fe y costumbres, Barcelona 1963, 170-171.
4. Concilio Vaticano II, Constitución pastoral

Gaudium et Spes, sobre la Iglesia en el mundo actual.

5. Concilio Vaticano II, Declaración *Nostra Aetate* sobre las relaciones de la Iglesia con las religiones no cristianas.
6. Concilio Vaticano II, Decreto *Ad Gentes* sobre la actividad misionera de la Iglesia.
7. Concilio Vaticano II, Decreto *Apostolicam Actuositatem* sobre el apostolado de los laicos.
8. Concilio Vaticano II, Decreto *Inter Mirifica* sobre los medios de comunicación social.
9. Concilio Vaticano II, Decreto *Unitatis Redentegracio* sobre el ecumenismo.
10. Concilio Vaticano II, *Lumen Gentium,* Constitución Dogmática sobre la Iglesia.
11. Congregación para la Doctrina de la Fe, Declaración *Dominus Iesus* sobre la unicidad y la universalidad salvífica de Jesucristo y de la Iglesia.
12. *Cristo y los cristianos en el México moderno,* VIII Coloquio de la Unión de Instituciones Teológicas en México, A. C., voz "Iglesia, educación e interculturalidad" Doris Ruiz Galindo.
13. Discurso de S. S. Benedicto XVI en la

sesión inaugural de los trabajos de la V Conferencia General del Episcopado Latinoamericano y El Caribe, Salón de Conferencias, Santuario de Aparecida, domingo 13 de mayo de 2007.

14. Juan Pablo II, Carta encíclica *Redemptoris Missio* sobre la permanente validez del mandato misionero.

15. Juan Pablo II, *Discurso a los participantes en el Congreso Nacional del Movimiento Eclesial de Compromiso Cultural*, Roma, *16-1-1982.*

16. Juan XXIII, Carta encíclica *Mater et Magistra.*

17. *La misión continental para una Iglesia misionera*, Consejo Episcopal Latinoamericano (CELAM), Bogotá, D.C., 2008.

18. Pablo VI, *Evangelii Nuntiandi*, Exhortación Apostólica al episcopado, al clero y a los fieles de toda la iglesia acerca de la evangelización en el mundo contemporáneo.

19. Paolo Manna, *Virtú Apostoliche, lettere ai missionari*, Emi, Bologna 1997.

20. Pontificio Consejo « Justicia y Paz», *Compendio de la Doctrina Social de la Iglesia.*

21. Raúl Nava Trujilo, en *Boletín informativo*

de los Misioneros de Guadalupe, año14, n.157, nov. 2011.

22. Renato Raffaele Card. Martino, en la presentación del *Compendio de la Doctrina Social de la Iglesia*, Ciudad del Vaticano, 2 de abril de 2004.

Páginas web:

1. www.scalabrini.org
2. www.vicariadepastoral.org.mx/domund_10/anexos/situacion_continentes.pdf
3. www.wider.unu.edu

Índice

IGLESIA MISIONERA

Del mismo autor

Costa d'Avorio politica afrocratica, Ilibridiemil, Bologna, 2010.

Sankofa, Booksprint, Buccino, 2012.

Africanità e cristianità, Fondazione Mario Luzi Editore, Roma, 2014.

Mixteco de Cuanacaxtitlàn, Creable, México, 2016.

Mixteco de Ayutla, Creable, México, 2016.

Domande e risposte sulla stregoneria, Edizioni Villadiseriane, Bergamo, 2019.

Printed by Books on Demand GmbH, Norderstedt / Germany